A Mathis y Théo

Gracias a los niños: Léna, Évana, Amaé, Lise, Manon, Paul y Mathis

Editora: Eva Domingo
Revisión técnica: María José Unturbe (profesora de plástica de Educación infantil y Primaria)

Título original: *Maquillages* de Vanessa Lebailly
Publicado por primera vez en francés en Francia por Groupe Fleurus,
15-27, rue Moussorgski, 75895 París cedex 18

© 2006 *by* Groupe Fleurus, París
© 2010 de la versión española
  by Editorial El Drac, S.L.
  Marqués de Urquijo, 34. 28008 Madrid
  Tel.: 91 559 98 32. Fax: 91 541 02 35
  E-mail: info@editorialeldrac.com
  www.editorialeldrac.com

Fotografías: Bertrand Mussotte
Ilustraciones: Denis Cauquetoux
Patrones: Laurent Blondel
Cubierta: José M.ª Alcoceba
Traducción: Ana María Aznar

ISBN: 978-84-9874-142-1
Depósito legal: M-29.162-2010
Impreso en ORYMU
Impreso en España – *Printed in Spain*

Maquillaje

Vanessa Lebailly

Los secretos del maquillaje

Antes de maquillarte, ponte la parte de arriba del traje que vayas a llevar. Protégela con una toalla sobre los hombros.
Mantén el pelo retirado con una cinta o con unas pinzas.
Dispón todo el material a mano: maquillaje, cuenco con agua, algodón, pinceles, esponjas, bastoncillos de algodón y pañuelos de papel.

Productos

Maquillajes al agua

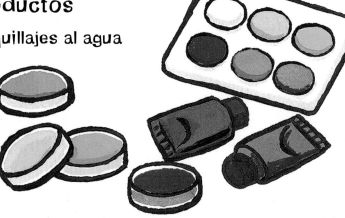

Los colores utilizados en este libro son maquillajes al agua como el gouache. Se presentan en tarros individuales, en tubos o en paletas de varios colores y pueden mezclarse unos con otros.

Purpurina

Son tubos de gel con purpurina, aptos para la piel. Se aplican con el dedo —o con pincel fino— y dan brillos muy bonitos.

Pinceles y esponjas

Utiliza pinceles limpios de 3 tamaños distintos: 1 fino, 1 mediano y 1 grueso. El más grueso es para cubrir el rostro, el mediano para la boca y los párpados y el fino para dibujar detalles.

Utiliza esponjas especiales para maquillaje: redondas y aplastadas. Moja la esponja en agua, escúrrela y frótala sobre el maquillaje antes de aplicarlo sobre la piel.

6

Desmaquillado

La mayor parte del maquillaje se limpia perfectamente con agua y jabón suave, frotando con las manos o con una manopla de aseo.

Termina pasando un algodón con leche hidratante.

Accesorios

Para completar algunos modelos, realiza unas orejas y unos cuernos.

Calca el patrón. Recórtalo, y colócalo encima del soporte elegido (foam o estropajo de colores) y dibuja el contorno. Recórtalo.

Pega los elementos superpuestos. Enrolla la base de la oreja alrededor de una diadema y grápala.

Nota importante: aunque los proyectos de este libro están indicados para niños y adultos, hay que tener en cuenta que para trabajar con los materiales que aparecen en este libro, en algunos proyectos de mayor dificultad se recomienda que los niños lo hagan acompañados de un adulto y con instrumentos adecuados a su edad.

Payaso

Materiales · *Maquillaje al agua: blanco, amarillo, naranja, rojo, azul* ·
· *Esponja · Pinceles: 1 fino y 1 mediano · Agua* ·

1 Aplica con la esponja una base blanca sobre la cara y las orejas.

Pinta unos triángulos debajo de los ojos, invirtiendo los colores de las formas pintadas en el paso 2.

2 Con un pincel mediano, pinta luego las formas encima de los ojos: una naranja y la otra amarilla.

4 Dibuja la forma roja alrededor de la boca con un pincel mediano y pinta el interior. Añade un círculo rojo en la nariz.

5 Dibuja una línea azul alrededor de las formas de los ojos y de la boca con el pincel fino. Dibuja una raya vertical por encima de cada ceja.

Realiza un lazo y un gorro con cartulina; si necesitas ayuda, pídesela a un adulto. Píntalos y pega unos lunares grandes de papel o pegatinas de colores.

Serpiente

Materiales • *Maquillaje al agua: amarillo, verde, rojo, negro •* • *Pinceles: 1 fino y 1 mediano • Agua •*

1

Con el pincel fino, dibuja la forma de una serpiente amarilla sobre la cara y luego píntala por dentro.

3

Pinta luego las cejas y los labios de negro, con el pincel fino. Añade un punto negro para el ojo de la serpiente.

2

Cuando esté seco el amarillo, pinta el resto de la cara de verde con el pincel mediano.

4

Con el pincel fino, pinta los lunares rojos en el cuerpo de la serpiente y dibuja su lengua en forma de "V".

Pega adhesivos
rojos o gomets
en la camiseta
para completar
el maquillaje.

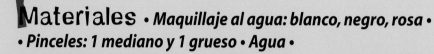

Vaca

Materiales • *Maquillaje al agua: blanco, negro, rosa* •
• *Pinceles: 1 mediano y 1 grueso • Agua* •

1

Aplica una base blanca sobre la cara con
el pincel grueso. Déjala secar unos minutos.

3

Dibuja con el pincel mediano la forma rosa
del hocico y luego pinta el interior.

2

Con el pincel mediano, pinta las manchas
negras: una alrededor de un ojo y otras
tres en el resto de la cara.

4

Pinta la boca de negro con un pincel.

Los patrones
de las orejas
y de los cuernos
se encuentran
al final del libro.

**Realiza unos
cuernos y unas
orejas de foam
y pide ayuda
a un adulto para
fijarlos grapándolos
en una diadema
(ver página 7).**

**Decora la camiseta
con manchas recortadas
en cartulina negra.**

13

Murciélago

Materiales · *Maquillaje al agua: naranja, rojo, negro* ·
· *Pinceles: 1 fino, 1 mediano y 1 grueso · Esponja · Agua* ·

1

Aplica una base naranja sobre toda la cara con el pincel grueso.

14

2

Con la esponja, aplica naranja sobre las orejas y la parte alta del cuello.

3

Con el pincel fino, dibuja en negro los contornos del murciélago alrededor de los ojos. Pinta luego el interior.

4

Con pincel fino, pinta un murciélago pequeño en la frente y otro debajo de una mejilla. Pinta los labios de negro.

5

Termina pintando un círculo rojo en la frente.

Máscara africana

Materiales • *Maquillaje al agua: amarillo, naranja, rojo, marrón claro, marrón oscuro, verde, negro* • *Pinceles: 1 fino y 1 mediano* • *Esponja* • *Bastoncillo de algodón* • *Agua* •

1 Con la esponja, aplica una base amarilla sobre toda la cara y las orejas. Déjala secar bien.

3 Dibuja luego unos círculos verdes en las mejillas. Después pinta una banda roja en la frente y una marrón claro sobre la nariz.

2 Con el pincel mediano, pinta con naranja unos cuadrados alrededor de los ojos y la forma alrededor de la boca.

4 Con un bastoncillo de algodón, pinta unos lunares marrón oscuro bajo los ojos y alrededor de la boca.

5 Con un pincel fino y maquillaje negro, pinta los labios, las espirales sobre los círculos verdes y las rayas sobre la nariz. Con el bastoncillo, añade unos lunares negros sobre la frente.

16

Con la esponja, aplica maquillaje sobre el pelo y despéinalo. El maquillaje de la izquierda está realizado con otros colores sobre una base de color cobre.

El día

Materiales • *Maquillaje al agua: blanco, amarillo, naranja, azul claro* •
• *Gel de purpurina dorada* • *Pinceles: 1 fino, 1 mediano y 1 grueso* • *Agua* •

1

Con el pincel fino, dibuja
un sol amarillo en medio
de la frente. Déjalo secar.

2

Utiliza un pincel fino para
pintar en azul alrededor del
sol. Luego, pinta el resto de la
cara con el pincel grueso.
Déjalo secar bien.

3

Dibuja unas nubes blancas
con el pincel mediano.
Rellena el interior de blanco.

4

Pinta los labios de naranja.
Añade gel de purpurina
dorada en el redondel del sol.

5

Con el pincel fino, dibuja
unos pájaros amarillos
a un lado de la boca
y cerca de la nariz.

Cúbrete el pelo con un pañuelo amarillo o dorado.

19

La noche

Materiales • *Maquillaje al agua: amarillo, naranja, dorado, azul nacarado* •
• *Gel de purpurina azulado • Pinceles: 1 fino, 1 mediano y 1 grueso • Esponja •*
• *Cepillo de dientes • Agua •*

1 Con amarillo y el pincel fino, dibuja una luna en la frente, unas estrellas en las mejillas y un círculo en la barbilla. Déjalos secar bien.

3 Con naranja, pinta los labios y añade unos reflejos con pincel fino sobre la luna, las estrellas y el círculo.

5 Aplica gel de purpurina azulado sobre los párpados y dorado en las orejas. Para terminar, pinta de dorado alrededor del pelo con una esponja.

2 Aplica el azul nacarado sobre toda la cara, con pincel, bordeando con cuidado los motivos amarillos. Déjalos secar bien.

4 Pasa un cepillo de dientes por el amarillo, cierra los ojos y pide ayuda a un adulto para que lo rasque con el dedo para salpicarte la cara.

20

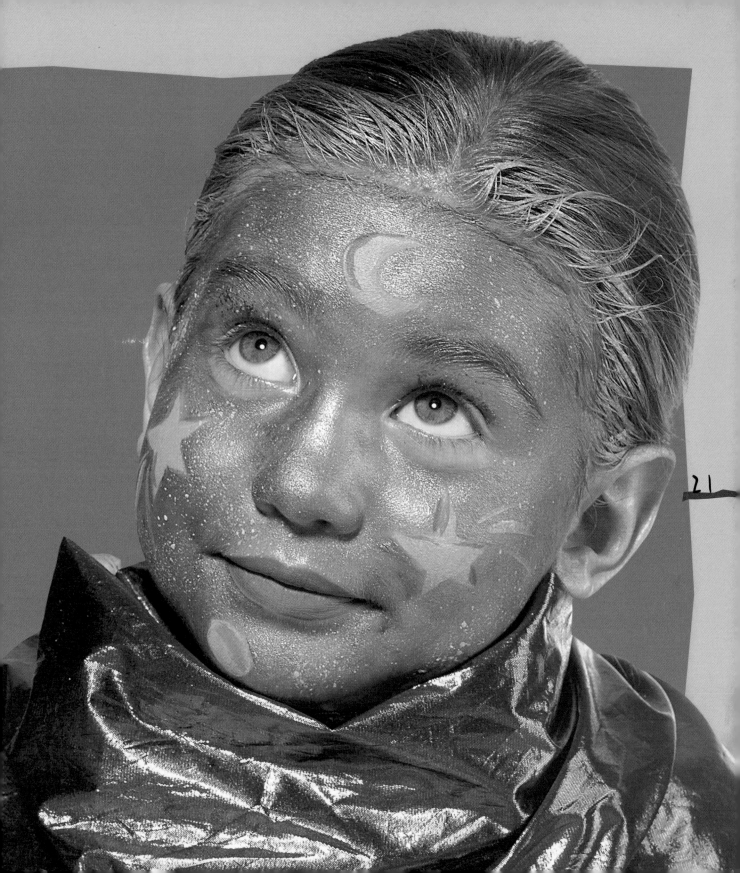

21

La reina del huerto

Materiales · *Maquillaje al agua: blanco, amarillo, naranja, rojo, verde, violeta, dorado* · *Gel de purpurina verde* · *Pinceles: 1 fino y 1 mediano* · *Agua* ·

1

Con el pincel mediano, maquilla los párpados de verde. Déjalos secar. Pinta luego los labios de dorado.

2

Pinta el tomate y la fresa de rojo. Cuando estén secos, añade con pincel fino un reflejo blanco sobre el tomate, unos puntitos amarillos sobre la fresa y unas hojas verdes.

3

Pinta una zanahoria naranja sobre una mejilla. Añade unas rayitas rojas y las hojas verdes con el pincel fino.

4

En la otra mejilla, pinta una berenjena con violeta. Añade un reflejo blanco y un rabito verde.

5

Pinta un limón en la barbilla. Aplica gel de purpurina verde sobre los párpados.

¡Ponte un sombrero de paja y te convertirás en la reina del huerto!

23

Leopardo

Materiales • *Maquillaje al agua: amarillo, marrón cobrizo, marrón oscuro, negro* • *Esponja* • *Pinceles: 1 fino y 1 grueso* • *Agua* •

1 Aplica una base amarilla sobre toda la cara y las orejas, con una esponja.

3 Añade un poco de marrón en cada mancha con el pincel grueso.

Los patrones de las orejas se encuentran al final del libro.

5 Pinta los labios de marrón cobrizo.

2 Con el borde de la esponja, pinta unas manchas marrón cobrizo por toda la cara.

4 Pinta la nariz de negro con el pincel fino. Añade unas rayas negras para los bigotes.

24

Con ayuda
de un adulto,
haz unas orejas
de estropajo
y fíjalas en
una diadema
grapándolas
en foam
(ver página 7).

Bruja

Materiales • *Maquillaje al agua: rosa nacarado, naranja, rosa fuerte, violeta, negro* • *Pinceles: 1 fino y 1 grueso* • *Agua* •

1 Con el pincel fino, pinta en cada ojo un triángulo rosa fuerte partiendo de los párpados hacia las sienes y, después, otro debajo.

2 Pinta luego un triángulo naranja debajo de cada ojo y otro por encima de las cejas.

3 Con el rosa nacarado, dibuja un triángulo pequeño por encima de las cejas y otro más largo debajo de los ojos.

4 Pinta el resto de la cara de violeta con el pincel grueso. Rodea los triángulos de colores con el pincel fino.

5 Pinta los labios de negro. Añade una estrella en la frente y otra a cada lado de la boca.

Ponte un sombrero
muy grande y ¡ya está!

27

Ratoncito

Materiales • *Maquillaje a agua: gris claro, azul claro, rosa, negro* •
• *Gel de purpurina plateada* • *Pinceles: 1 fino, 1 mediano y 1 grueso* • *Esponja* • *Agua* •

28

1 Pinta toda la cara de gris claro con el pincel grueso. Deja secar un poco y aplica gris con la esponja sobre las orejas y el cuello.

3 Con el pincel mediano, pinta la punta de la nariz y los labios de rosa.

5 Para terminar, aplica gel de purpurina plateada en los párpados con el pincel mediano.

2 Con el pincel fino, aplica azul claro entre los párpados y las cejas, subiendo en punta hacia las sienes.

4 Dibuja unos bigotes negros con el pincel fino. Añade unas rayitas en la frente y debajo de los ojos.

Con ayuda de un adulto, haz unas orejas con foam gris y papel rosa; después, fíjalas sobre una diadema grapándolas (ver página 7).

Los patrones de las orejas se encuentran al final del libro.

29

Spiderman

Materiales • *Maquillaje al agua: rojo, azul, negro* • *1 pincel fino* • *Esponja* • *Agua* •

1

Con la esponja, aplica rojo sobre toda la cara, las orejas y el cuello. Déjalo secar.

3

Termina la tela de araña dibujando unas curvas sencillas que unan las líneas realizadas en el paso 2.

2

Con el pincel fino, dibuja una línea negra vertical de arriba abajo sobre la nariz; luego, una línea horizontal. Dibuja después las diagonales.

4

Levanta el pelo y pásale una esponja con azul.

30

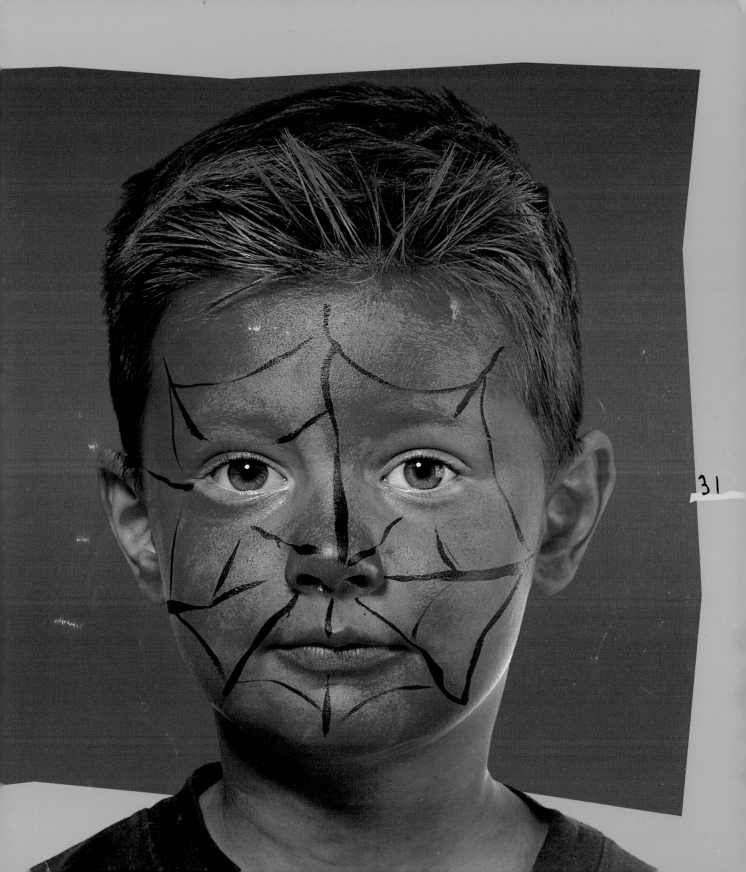

Princesa flor

Materiales • *Maquillaje al agua: amarillo, naranja, rosa •*
• Gel de purpurina dorado • Pinceles: 1 fino y 1 grueso • Agua •

1

Con el pincel grueso y naranja,
dibuja un antifaz alrededor
de los ojos. Luego pinta
el interior y déjalo secar.

3

Pinta unas flores rosas
sobre las mejillas y la frente
con el pincel fino. Déjalas
secar bien.

5

Pinta los labios de rosa.
Déjalos secar y, con el dedo,
aplica gel de purpurina
dorado por encima.

2

Aplica gel de purpurina
dorado sobre el contorno
del antifaz con el pincel fino.

4

Pinta el centro de las flores
de amarillo y unas rayitas
alrededor con el pincel fino.

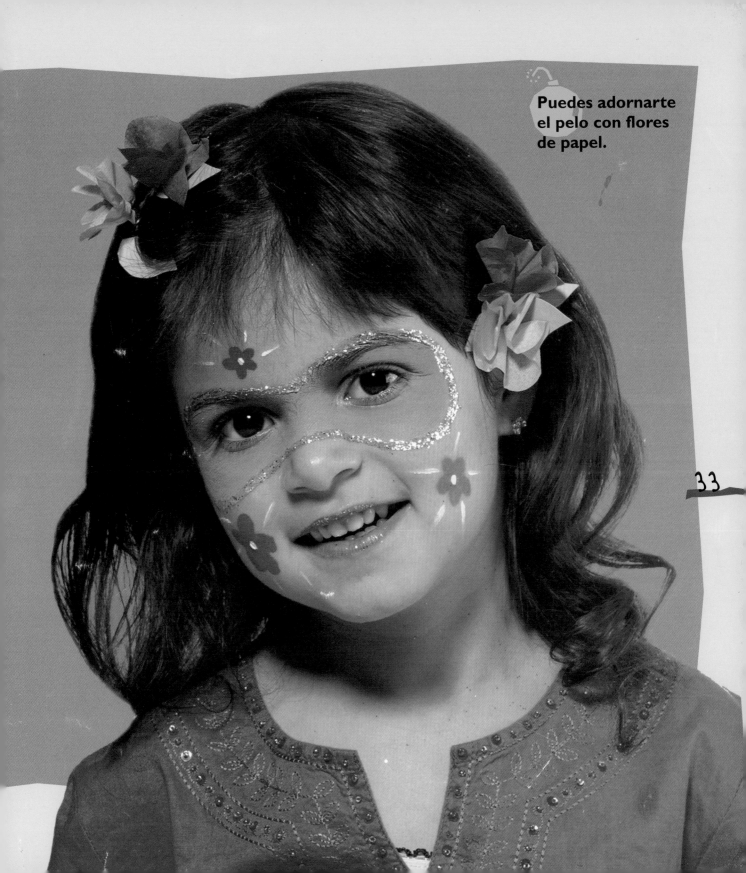

Puedes adornarte el pelo con flores de papel.

Oso pardo

Materiales
• *Maquillaje: marrón, marrón cobrizo brillante, marrón oscuro, negro* •
• *Gel de purpurina cobrizo* • *Pinceles: 1 fino y 1 mediano* • *Esponja* • *Agua* •

1 Con la esponja, aplica marrón cobrizo brillante por toda la cara, las orejas, el cuello y la raíz del pelo. Déjalo secar.

2 Con el pincel mediano, pinta de marrón oscuro el hocico alrededor de la boca, y los párpados.

3 Con el pincel fino, dibuja una línea negra por encima de las cejas. Luego pinta la punta de la nariz, los labios y una raya entre ambos.

4 Con el pincel fino, dibuja unas rayas marrones sobre las mejillas y la frente para hacer el pelo.

Los patrones de las orejas se encuentran al final del libro.

5 Termina añadiendo con el dedo un poco de gel de purpurina cobrizo sobre los párpados.

34

Realiza unas orejas de foam y fíjalas sobre una diadema grapándolas (ver página 7).

35

Índice

36

LOS PEQUEÑOS CREADORES

Títulos de la colección

Más información sobre éstos y otros títulos, en nuestra página web: **www.editorialeldrac.com**

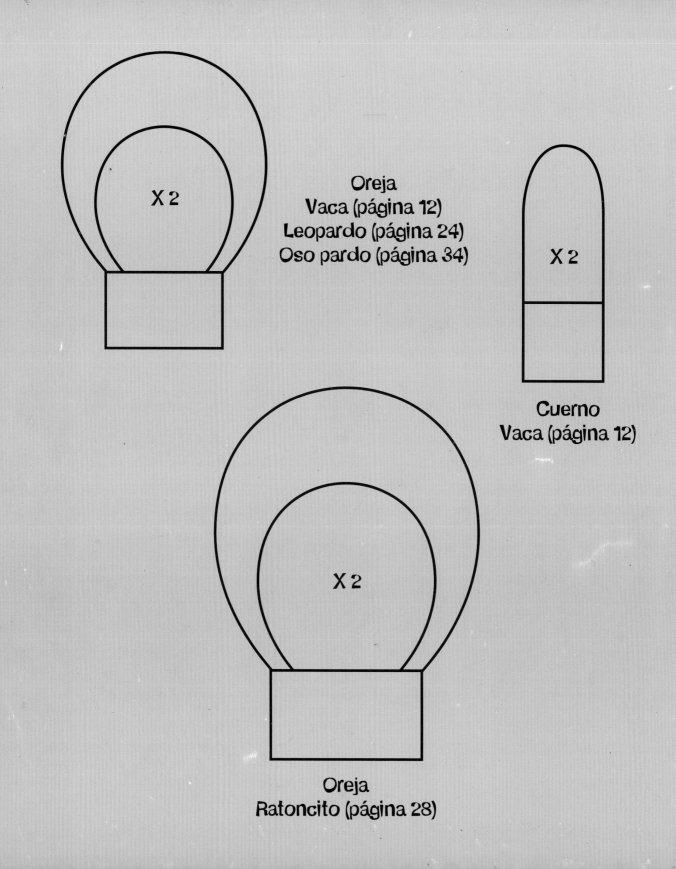

X 2

Oreja
Vaca (página 12)
Leopardo (página 24)
Oso pardo (página 34)

X 2

Cuerno
Vaca (página 12)

X 2

Oreja
Ratoncito (página 28)